VENTE
Vendredi 19 Décembre 1902
HOTEL DROUOT, SALLE N° 7
à deux heures

COLLECTION

De M. le Mis de THUISY

Faïences & Porcelaines

ANCIENNES

Me PAUL CHEVALLIER, commissaire-priseur
MM. MANNHEIM, experts

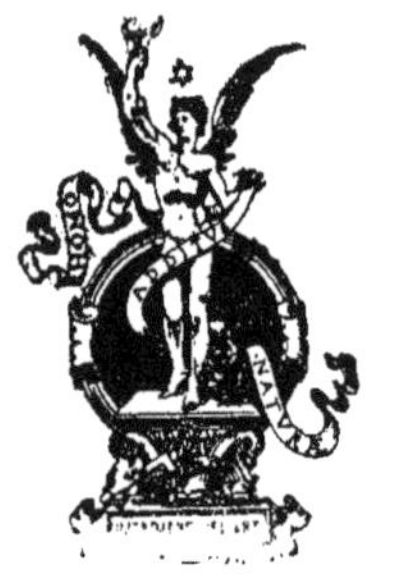

CATALOGUE

DES

ANCIENNES FAIENCES ET PORCELAINES

FAIENCES FRANÇAISES, HOLLANDAISES, ETC.

PORCELAINES DE VINCENNES ET DE SÈVRES PATE TENDRE

DE CHANTILLY, ETC.

PORCELAINES D'ALLEMAGNE, DE LA CHINE,

DU JAPON, ET AUTRES

DÉPENDANT DE LA COLLECTION DE M. LE MARQUIS DE THUISY

ET DONT LA VENTE AURA LIEU

HOTEL DROUOT, SALLE N° 7

LE VENDREDI 19 DÉCEMBRE 1902

à deux heures

COMMISSAIRE-PRISEUR	EXPERTS
Me PAUL CHEVALLIER	**MM. MANNHEIM**
10, rue Grange-Batelière	7, rue Saint-Georges

EXPOSITION PUBLIQUE

Le Jeudi 18 Décembre 1902, de 1 h. 1/2 à 5 h. 1/2

CONDITIONS DE LA VENTE

Elle sera faite au comptant.

Les acquéreurs paieront *dix pour cent* en sus des prix d'adjudication.

L'exposition mettant le public à même de se rendre compte de l'état et de la nature des objets, il ne sera admis aucune réclamation, une fois l'adjudication prononcée.

Paris. — Imp. de l'Art, E. Moreau et Cie, 41, rue de la Victoire.

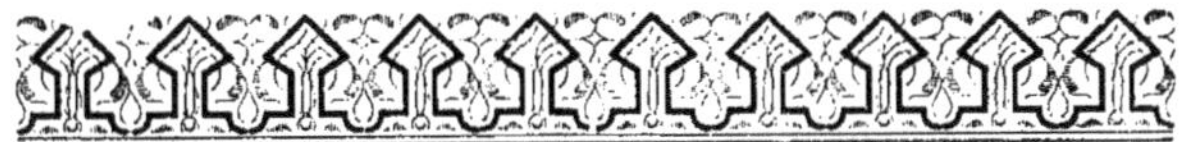

DÉSIGNATION

FAIENCES FRANÇAISES

1 — Saucière, décor bleu. Ancienne faïence de Rouen.

2 — Saladier, décor bleu : scène d'intérieur. Daté 1719. Ancienne faïence de Rouen.

3 — Deux assiettes, à la corne. Ancienne faïence de Rouen.

4 — Assiette : Chinois ; bordure quadrillée. Ancienne faïence de Rouen.

5 — Assiette : personnages ; bordure quadrillée. Ancienne faïence de Rouen.

6 — Plateau en ancienne terre vernissée en brun ; traces de décor argenté. Avignon.

7 — Deux saucières, décor bleu. Ancienne faïence de Moustiers.

8 — Plat long : fleurs. Ancienne faïence de Moustiers.

9 — Petit plat long : sujet mythologique et guirlandes. Ancienne faïence de Moustiers.

10 — Six assiettes variées : fleurs, personnages, emblèmes maçonniques. Ancienne faïence de Moustiers.

11 — Plat creux long, bords festonnés, décor bleu rayonnant. Ancienne faïence du Midi.

12 — Assiette : fleurs. Ancienne faïence de Marseille.

13 — Deux assiettes : Chinois. Ancienne faïence de Marseille, veuve Perrin.

14 — Assiette : personnages. Ancienne faïence de Marseille.

15 — Assiette : médaillon, paysage. Ancienne faïence de Marseille.

16 — Plateau ovale : fleurs et insectes. Ancienne faïence de Marseille.

17 — Assiette, décor bleu : vase de fleurs. Ancienne faïence de Clermont-Ferrand.

18 — Quatre assiettes variées, décor blanc, fond bleu. Ancienne faïence de Nevers.

35 34 36

15 22 28

Phototypie Berthaud, Paris

19 — Petit plateau, décor blanc, fond bleu. Ancienne faïence de Nevers.

20 — Plat creux, décor blanc, fond bleu. Ancienne faïence de Nevers.

21 — Deux petits porte-fleurs, décor doré. Ancienne faïence de Saint-Clément.

22 — Compotier : vue de port de mer. Ancienne faïence de Rouen, atelier de *Levavasseur*.

23 — Deux plateaux sur quatre petits pieds : oiseaux. Ancienne faïence d'Aprey.

24 — Assiette : branche fleurie et papillon ; bordure dorée. Ancienne faïence de Sceaux.

25 — Plat rond et quatre plats longs : fleurs. Ancienne faïence de Lorraine.

26 — Plateau long : fleurs ; bords ajourés et jardinière carrée, fleurs. Ancienne faïence de Lorraine.

27 — Deux assiettes : fleurs ; filet rose à la bordure. Ancienne faïence de Lorraine.

28 — Assiette à bords festonnés : fleurs en relief. Ancienne faïence de Strasbourg.

29 — Six assiettes : quatre à fleurs et deux au Chinois. Ancienne faïence de Strasbourg.

30 — Vase pot-pourri sur base ornée d'une figurine de paysanne. Ancienne faïence française.

31 — Plat, orné de légumes, fond jaune. Ancienne faïence française.

32 — Saucière : fleurs. Ancienne faïence française.

33 — Saladier : rivière avec pont et barques. Daté 1797. Faïence française.

FAIENCES HOLLANDAISES

34 — Plat à barbe, à bords festonnés, en ancienne faïence de Delft, à décor polychrome, rehaussé de dorure : au fond, un bouquet de fleurs; au marli, quatre bustes de personnages séparés par des fleurs.

(*Vente Mandl.*)

35 — Plaque, ornée de vases sur fond jaune. Ancienne faïence de Delft.

(*Vente Mandl.*)

36 — Plaque, de style japonais : haie fleurie, rehauts d'or. Ancienne faïence de Delft.

(*Vente Mandl.*)

37 — Flacon à thé, décor de fleurs et lambrequins en bleu. Ancienne faïence de Delft. Daté 1717.

38 — Plaque : oiseau en cage. Ancienne faïence de Delft.

39 — Plat rond : fleurs. Ancienne faïence de Delft.

40 — Plat rond : fleurs en bleu. Ancienne faïence de Delft.

41 — Plat : paons et fleurs. Faïence hollandaise.

42 — Deux grandes plaques, décor bleu : paysage, patineurs. Faïence hollandaise.

43 — Deux petites plaques : animaux, constructeurs de navires. Faïence hollandaise.

FAIENCES DIVERSES

44 — Plat, décor bleu, marli à compartiments. Perse.

45 — Plat creux, fond, décor bleu, chute émaillée gris-verdâtre. Perse.

46 — Plat, décor bleu rayonnant. Perse.

47 — Plat, à bords festonnés, décor bleu. Style chinois. Perse.

48 — Plat creux, décor bleu : animaux. Perse.

49 — Plat, décor bleu : fleurs. Perse.

50 — Cinq pièces : coupe et petits plateaux, décor bleu. Perse.

51 — Plat, à décor rayonnant. Ancienne faïence de Rhodes.

52 — Plat creux : grappe de raisin. Ancienne faïence de Rhodes.

53 — Quatre plats variés. Ancienne faïence de Rhodes.

54 — Trois plaques, bords moulurés. Ancienne faïence d'Alcora.

55 — Plat rond, à bords festonnés; motif rocaille au centre. Ancienne faïence d'Alcora.

56 — Quatre petits plats, deux bénitiers, deux vases et un plateau. Manissès.

57 — Plaque cintrée du haut à sujet saint en relief. Ancienne faïence d'Alcora.

58 — Trois bas-reliefs : sujets saints. Manissès.

59 — Neuf plats variés. Manissès.

60 — Deux plateaux ronds, cannelés, décor bleu : armoirie, figure de femme. Ancienne faïence de Gênes.

61 — Présentoir : personnages. Ancienne faïence de Castelli.

68

71

166

69

Phototypie Berthaud, Paris.

62 — Trois plateaux ajourés. Faïence blanche italienne.

63 — Plat, décor bleu, style chinois : marli à compartiments. Ancienne faïence allemande.

64 — Assiette, décor bleu et blanc sur fond bleuté. Ancienne faïence de Marieberg.

PORCELAINES FRANÇAISES

65 — Bol orné de fleurs. Ancienne porcelaine tendre de Vincennes.

66 — Assiette, décor feuille de chou et oiseaux. Ancienne porcelaine tendre de Vincennes. Année 1755.

67 — Compotier ovale : fleurs. Ancienne porcelaine tendre de Vincennes.

68 — Deux petits plateaux, décor en camaïeu rose : paysage, amour. Ancienne porcelaine tendre de Vincennes. Année 1754. (Seront divisés.)

69 — Assiette : amour en camaïeu rose. Ancienne porcelaine tendre de Vincennes.

70 — Assiette : fleurs. Même porcelaine.

71 — Assiette : fleurs, marli gaufré. Ancienne porcelaine tendre de Sceaux.

72 — Plateau d'écuelle : fleurs. Ancienne porcelaine tendre de Sèvres.

73 — Deux petits bassins ovales : fleurs dans des médaillons. Ancienne porcelaine tendre de Sèvres. Année 1782. Décor par *Taillandier*. (Seront divisés.)

74 — Écuelle : fleurs. Ancienne porcelaine tendre de Sèvres.

75 — Compotier : fleurs. Ancienne porcelaine de Sèvres, pâte tendre.

76 — Présentoir : fleurs. Ancienne porcelaine de Sèvres, pâte dure.

77 — Assiette : réserve à sujets de chasse en camaïeu lilas, fond jaune. Ancienne porcelaine tendre de Chantilly.

78 — Assiette, réserve : chasse au sanglier; fond carrelé bleu. Ancienne porcelaine tendre de Chantilly.

79 — Assiette, décor bleu : pièce d'eau. Ancienne porcelaine tendre de Chantilly.

80 — Assiette : fleurs et insectes. Ancienne porcelaine tendre de Chantilly.

81 — Deux assiettes : fleurs, marli gaufré. Ancienne porcelaine tendre de Chantilly.

82 — Assiette : fleurs. Ancienne porcelaine tendre de Chantilly.

78 109

68

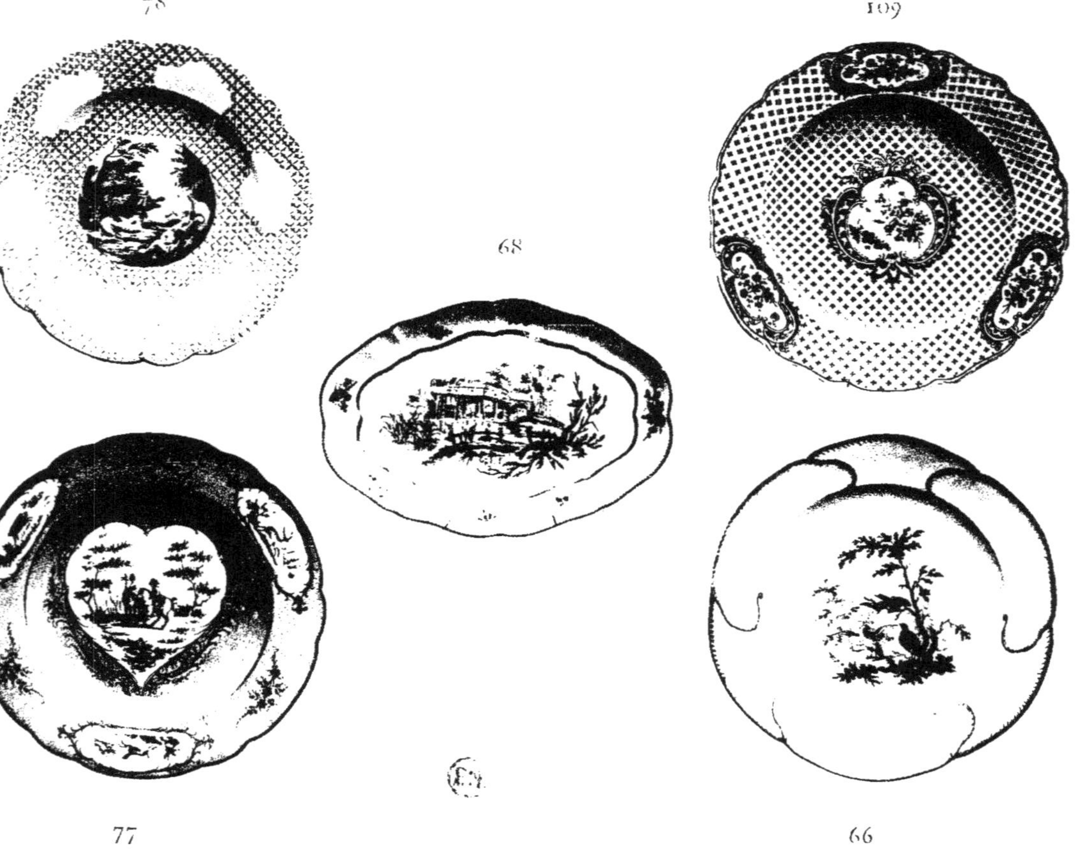

77 66

Phototypie Berthaud, Paris

83 — Deux compotiers et deux plateaux : haie fleurie et fleurs. Ancienne porcelaine tendre de Chantilly.

84 — Tasse et soucoupe : fleurs. Ancienne porcelaine tendre de Mennecy.

85 — Tasse obconique et soucoupe : fleurs. Ancienne porcelaine tendre de Mennecy.

86 — Deux petits vases et pot de toilette. Ancienne porcelaine tendre de Mennecy et de Bourg-la-Reine : fleurs.

87 — Deux compotiers, décor aux barbeaux. Ancienne porcelaine de Paris.

88 — Deux assiettes : fleurs. Ancienne porcelaine de Paris, fabrique de Monsieur.

89 — Compotier : monogramme. Ancienne porcelaine de Paris, fabrique de Clignancourt.

90 — Quatre tasses et soucoupes : fleurs. Ancienne porcelaine de Locré.

91 — Pot de toilette avec couvercle : fleurs en bleu. Ancienne porcelaine de Locré.

92 — Salière, à triple récipient ; assiette : monogramme ; et assiette, fleurs. Ancienne porcelaine d'Orléans.

PORCELAINES D'ALLEMAGNE

93 — Assiette : fleurs, bordure étroite, ajourée. Ancienne porcelaine de Saxe.

94 — Assiette : fleurs, marli ajouré. Ancienne porcelaine de Saxe.

95 — Compotier, décor doré, et assiette à bords ajourés. Saxe-Marcolini.

96 — Assiette creuse : sujet de chasse, marli imbriqué vert. Ancienne porcelaine de Saxe.

97 — Assiette : fleurs et palmettes à la bordure. Ancienne porcelaine de Saxe.

98 — Deux assiettes : fleurs. Style japonais. Ancienne porcelaine de Saxe.

99 — Assiette : fleurs, marli gaufré. Ancienne porcelaine de Hœchst.

100 — Assiette : fleurs, marli ajouré. Ancienne porcelaine de Berlin.

101 — Plateau à double galerie : fruits. Ancienne porcelaine de Berlin.

102 — Assiette, fond vert. Ancienne porcelaine de Furstenberg.

103 — Plateau : Chinois. Ancienne porcelaine de Frankenthal.

104 — Assiette : fleurs. Ancienne porcelaine de Nymphenbourg. Marque au sceau de Salomon,

105 — Assiette : fleurs. Ancienne porcelaine de Louisbourg.

106 — Assiette : fleurs, camaïeu rose. Ancienne porcelaine de Louisbourg.

107 — Bol : fleurs et rubans. Ancienne porcelaine de Louisbourg.

108 — Assiette : personnage et chien. Ancienne porcelaine de Vienne.

109 — Assiette : réserves de fleurs, fond quadrillé semé de fleurettes en bleu. Ancienne porcelaine d'Allemagne.

110 — Plateau ovale : monogramme. Ancienne porcelaine d'Allemagne.

111 — Assiette creuse : petits paysages, camaïeu rose. Ancienne porcelaine d'Allemagne.

112 — Deux théières variées : personnages orientaux et paysans. Ancienne porcelaine d'Allemagne.

CÉRAMIQUE CHINOISE

ET JAPONAISE

113 — Carafe de khalian, décor doré sur fond bleu. Ancienne porcelaine de Chine.

(*Collection du Sartel.*)

114 — Guéridon, formé d'un plat et d'un cornet, en ancienne porcelaine du Japon, décorée en bleu et laquée.

115 — Assiette : compartiment à paysage animé. Ancienne porcelaine de Chine.

116 — Potiche, avec couvercle, décor doré, fond noir. Ancienne porcelaine de Chine.

117 — Petit vase et petite bouteille. Ancien céladon bleu-turquoise de la Chine.

118 — Deux flacons-aspersoirs, décor bleu, fond capucin. Ancienne porcelaine de Chine.

119 — Grande tasse, à une anse : personnages. Ancienne porcelaine de Chine.

(*Collection Marquis.*)

120 — Vase : fleurs, fond bleu-empois. Ancienne porcelaine de Chine.

121 — Vase, décor de caractères d'écriture et quadrillés en bleu sur fond craquelé bleu. Ancienne porcelaine de Chine.

122 — Vase, rinceaux sur fond jaune. Ancienne porcelaine de Chine.

123 — Grand cornet, caractères d'écriture et lambrequins, fond jaune. Ancienne porcelaine de Chine.

(*Collection du Sartel.*)

124 — Bol, céladon gris-craquelé de la Chine.

125 — Coupe ajourée, à fleurs, céladon gris-craquelé de la Chine.

126 — Plat rond : petit paysage, fleurs au marli. Ancienne porcelaine de Chine.

127 — Plat creux, décor en rouge de fer et or : chariot. Ancienne porcelaine de Chine.

128 — Sept pièces : plats creux et compotiers variés. Ancienne porcelaine de Chine.

129 — Brûle-parfum, décoré de feuillages et dragons. Ancienne porcelaine de Chine.

130 — Deux flacons quadrilatéraux, décor de corbeilles de fleurs. Ancienne porcelaine de Chine, famille verte.

131 — Vase-lancelle : paysages animés. Ancienne porcelaine de Chine, famille verte.

132 — Deux petites potiches avec couvercles, réserves à fleurs, fond capucin. Ancienne porcelaine de Chine, famille rose.

133 — Petite carafe de khalian : personnages. Ancienne porcelaine de Chine, famille rose.

(*Collection du Sartel.*)

134 — Chimère porte-fleurs à corps émaillé jaune. Ancienne porcelaine de Chine, famille rose.

135 — Vase à pans, avec couvercle, décor de vases sur fond réticulé à jour. Ancienne porcelaine de Chine, famille rose.

136 — Petite potiche à pans, fleurs et personnages. Ancienne porcelaine de Chine, famille rose.

137 — Deux statuettes de personnages debout. Ancienne porcelaine de Chine, famille rose.

138 — Plat rond, femmes et gazelles. Ancienne porcelaine de Chine, famille rose.

139 — Plat rond, rosaces en bleu, et fleurs. Ancienne porcelaine de Chine, famille rose.

140 — Plat à barbe : fleurs et oiseaux. Ancienne porcelaine de Chine, famille rose.

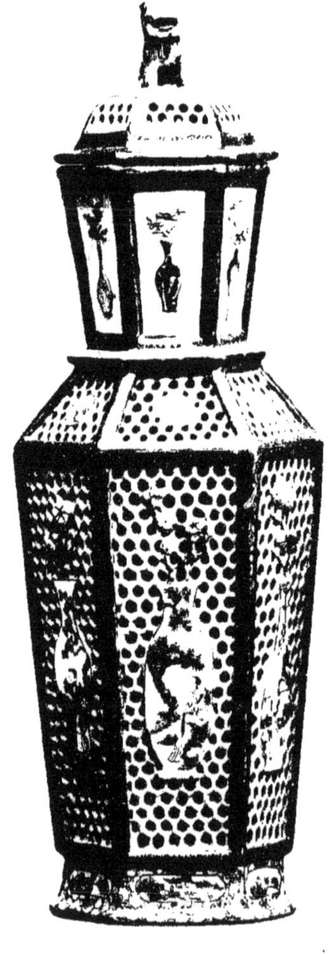

135

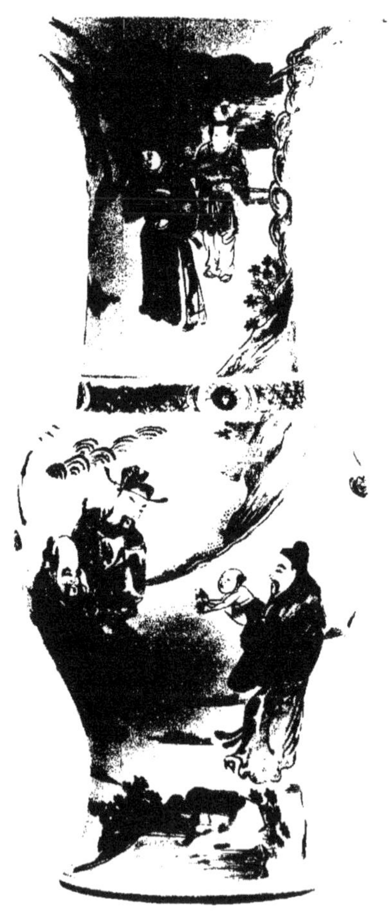

131

Phototypie Berthaud, Paris

141 — Sept statuettes variées de Kouan-in. Ancien blanc de Chine. (Seront divisées.)

142 — Petit groupe et poussah. Ancien blanc de Chine.

143 — Deux bouteilles ornées de dragons. Ancien blanc de Chine.

144 — Théière avec couvercle. Ancien blanc de Chine.

145 — Paire de petits vases-rouleaux, décorés de personnages. Porcelaine de Chine.

146 — Pagode en ancienne porcelaine de Chine, décor de fleurs et d'oiseaux.

147 — Paire de girandoles en porcelaine de Chine, décor de paysages, fond bleu ; bouquet de dix lumières en bronze.

148 — Plateau à compartiments, décoré de personnages. Porcelaine de Chine.

149 — Deux chimères, figurine, chien de Fô sur un rocher. Poterie chinoise.

150 — Environ vingt assiettes creuses et plates : fleurs, personnages de style européen, etc. Ancienne porcelaine de Chine et de la Compagnie des Indes.

151 — Plat armorié : fleurs. Indes.

152 — Assiette et trois petits plats longs, dont deux à marli ajouré : armoiries et devises. Indes.

153 — Deux fromagères, décor doré. Indes.

154 — Petite bouteille à pans : arbustes. Japon.

155 — Plat : cigognes, fond carrelé bleu. Japon.

156 — Deux flacons-aspersoirs variés. Japon, décor bleu et rouge.

157 — Théière avec couvercle. Porcelaine blanche du Japon : petits paysages.

158 — Deux fontaines obconiques avec couvercles : branches fleuries en rouge et or. Japon.

(*Collection Séchan.*)

159 — Plat rond, décor bleu, rouge et or : arbustes. Japon.

160 — Plat à barbe. Japon.

161 — Compotier : rosace et fleurs. Japon.

162 — Cinq plats variés. Japon.

163 — Deux bouilloires variées. Satzuma.

164 — Deux statuettes variées et petit vase orné de réserves. Poterie japonaise.

165 — Pitong et vase. Poterie japonaise.

PORCELAINES DIVERSES

166 — Assiette : monogramme, paysages et tours au marli. Ancienne porcelaine tendre de Buen-Retiro.

167 — Deux plats : fleurs, rehauts d'or. Ancienne porcelaine tendre de Buen-Retiro.

168 — Plateau carré, à bords festonnés, décor doré. Ancienne porcelaine de Venise.

169 — Tasse et soucoupe : personnages grotesques. Ancienne porcelaine de Capo-di-Monte.

170 — Assiette : ruines. Ancienne porcelaine italienne.

171 — Assiette, décor bleu : fleurs. Ancienne porlaine tendre de Tournai.

172 — Petite assiette : fleurs. Ancienne porcelaine tendre de Tournai.

173 — Assiette : fleurs ; nervures obliques. Ancienne porcelaine tendre de Tournai.

174 — Quatre assiettes, décor bleu : fleurs. Ancienne porcelaine tendre de Tournai.

175 — Assiette, décor en camaïeu rose : paysage et fleurs. Ancienne porcelaine tendre de Tournai.

176 — Compotier : fleurs en bleu et or. Ancienne porcelaine tendre de Tournai.

177 — Assiette : médaillon en bleu et or. Ancienne porcelaine tendre de Tournai.

178 — Assiette : oiseaux et fleurs. Ancienne porcelaine tendre de Tournai.

179 — Assiette : oiseaux, bordure à fond bleu. Ancienne porcelaine tendre de La Haye.

180 — Deux plats longs : fleurs. Ancienne porcelaine tendre de La Haye.

181 — Plateau ovale : fleurs, bordure rose ; au revers, le nom : *Coxcomb*. Porcelaine.

182 — Lot de tasses, soucoupes, portefleurs, plateaux, groupes, plats, etc., en faïence et porcelaine variés. (Sera divisé.)

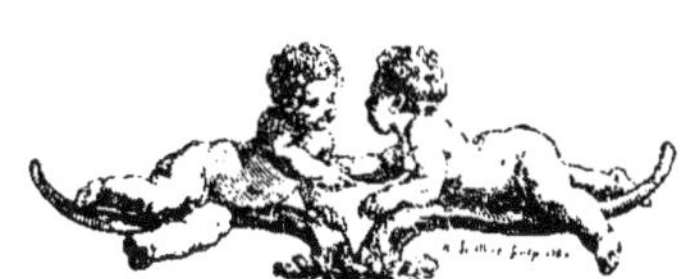

www.ingramcontent.com/pod-product-compliance
Ingram Content Group UK Ltd.
Pitfield, Milton Keynes, MK11 3LW, UK
UKHW022144260726
13993UKWH00005B/2156

9 782329 535760